N° 107

"*Pages actuelles*"
1914-1917

L'Effort et le Devoir Français

PAR

Alexandre MILLERAND

Ancien Ministre de la Guerre

BLOUD ET GAY, Editeurs
PARIS — BARCELONE

"Pages actuelles"
1914-1917

L'Effort et le Devoir Français

PAR

Alexandre MILLERAND

Ancien Ministre de la Guerre

BLOUD & GAY
Editeurs
PARIS, 3, Rue Garancière
Calle del Bruch, 35, BARCELONE
1917
Tous droits réservés

L'Effort et le Devoir français

I

LES ORIGINES DE LA GUERRE

En me retrouvant dans cette ville toute remplie et vibrante des travaux de la guerre, ma pensée se reporte invinciblement à l'effort initial de 1914, à mes visites aux établissements militaires et à nos usines mobilisées pour la Défense nationale. La guerre c'était alors, comme c'est toujours, l'unique pensée qui nous absorbe tous et nous maintient debout, tendus vers notre exclusive préoccupation : la Victoire.

Dès le premier jour, cette préoccupation a groupé le Pays tout entier transformé, en un clin d'œil, en une armée disciplinée et frémissante d'espoir.

Quel inoubliable spectacle a offert notre mobilisation ! Quelle gaîté, quelle confiance ! Quelle digne préface à l'effort surhumain qu'allait donner la France! Jeunes et vieux, tous se sont montrés à la hauteur de tous les devoirs, de tous les sacrifices. Le recueil des citations à l'Ordre de l'Armée est, pour notre Pays, un titre immortel de gloire.

A l'appel des armes, la Nation toute entière s'était dressée, comprenant que venait d'éclater la mauvaise querelle que depuis dix ans on nous cherchait. Sous prétexte d'assurer à l'Allemagne le développement économique auquel elle avait décrété que ses destinées lui donnaient droit, on entendait rayer la France de la liste des grandes nations. Contre cette arrogante prétention, la France se leva.

L'ultimatum à la Serbie

L'agression était indéniable. Faut-il en rappeler, une fois de plus, les preuves décisives? Elle avait débuté par l'ultimatum lancé, le 23 juillet 1914, par l'Autriche à la Serbie.

En vain, avec une admirable sagesse, cédant aux conseils des grandes Puissances, ses amies, la Serbie s'était résignée dans l'intérêt de la paix générale, à accepter des conditions humiliantes et incompatibles avec sa dignité d'État souverain.

La résolution de l'Autriche, agent de l'Allemagne, était irrévocable. Le lendemain de la rupture avec la Serbie, l'Autriche avait l'impudence de faire déclarer, par ses agents à l'étranger, que la Serbie avait refusé de renoncer à ses desseins contre l'Autriche-Hongrie.

Déjà, en 1909, au lendemain du jour où violant le traité de Berlin l'Autriche-Hongrie s'était, de sa propre autorité, définitivement adjugé la Bosnie-Herzégovine, elle avait tenté de pousser ses avantages plus loin, de se débarrasser de l'incommode voisinage de la Serbie indépendante. Les efforts de l'Angleterre et de l'Italie, l'abnégation de la Russie, la sagesse de la Serbie avaient conjuré le péril.

Quatre ans plus tard, il menaçait à nouveau d'éclater, quand au mois d'août 1913 — M. Giolitti l'a raconté, en décembre 1914, à la Chambre italienne — l'Autriche-Hongrie pressentait le Gouvernement italien pour lui faire connaître qu'au moment d'attaquer la Serbie elle désirait savoir s'il estimait que le traité de la Triple Alliance pût jouer, en ce cas, et s'il se rangerait à ses côtés.

La réponse négative de l'Italie sauva la paix européenne.

En 1913, l'Autriche-Hongrie, dont l'Allemagne manœuvrait, comme d'un pantin, les ficelles, était décidée à ne se laisser arrêter par rien.

La préméditation de l'Allemagne

Que l'Allemagne fût résolue à déchaîner la guerre, comment en douter, lorsqu'on se rappelle et les incidents successifs de Tanger, de Casablanca, d'Agadir, et ces deux faits que, de 1905 à 1912, l'Allemagne avait dépensé, pour son matériel de guerre, deux fois plus de crédits extraordinaires que la France dans le même temps, et que ses effectifs avaient été accrus en deux ans, de 1911 à 1913, d'un chiffre égal à celui dont son armée s'était augmentée en trente-sept ans, de 1873 à 1910.

Faut-il, enfin, si une preuve de plus n'était pas superflue, rappeler les mensonges officiels de la dernière heure : la déclaration de guerre du Gouvernement impérial allemand à la France, invoquant, pour raison, qu'un de nos aviateurs avait jeté des bombes sur Nuremberg ; mensonge qui devait être démenti, au cours de la guerre, le 18 mai 1916, par un Allemand publiant dans un organe allemand : *La Revue hebdomadaire allemande de Médecine*, une lettre du bourgmestre de Nuremberg déclarant que jamais il n'avait été jeté de bombe sur sa ville.

L'attitude pacifique des Alliés

En regard de l'attitude des Empires centraux décidés à la guerre, plaçons et n'oublions jamais la conduite des Alliés : l'Italie, et avec elle la Roumanie, déclarant que la Triple Alliance ne se trouvait pas en présence d'un cas de guerre; l'Angleterre multipliant sous toutes les formes ses tentatives d'arrangements pacifiques, si bien que, dans sa dernière entrevue avec l'Ambassadeur d'Angleterre, le Chancelier impérial allemand ne pouvait dissimuler sa stupeur devant la nouvelle de l'intervention que dictaient à l'Angleterre le respect de ses engagements et le souci de son honneur; la Russie, enfin, dont il faut, sans cesse, rappeler et reproduire, avec autant d'insistance qu'en mettent les Allemands à l'omettre et à la cacher, la dépêche impériale envoyée par le Tsar au Kaiser, le 29 juillet, à une heure donc où Guillaume II tenait encore entre ses mains la paix ou la guerre : « Il serait juste, télégraphiait à « l'Empereur d'Allemagne S. M. Nicolas II, de « remettre le problème austro-serbe à la Confé- « rence de La Haye. J'ai confiance en votre sagesse « et en votre amitié. »

II

LES OPÉRATIONS

Que le bon droit fût de notre côté, c'est l'évidence et ainsi s'explique le moral merveilleux montré, dès le premier jour, par nos admirables combattants, et qui n'a, à aucun moment fléchi ; leur endurance dans cette longue et terrible retraite qui suivit la bataille de Charleroi ; leur foi inébranlable dans un retour offensif qui, décidé et dessiné, dès le 25 août, dans une Instruction générale, s'ouvrait le 6 septembre pour se terminer le 13 par la victoire de la Marne, à laquelle demeurera éternellement lié le nom du maréchal Joffre.

La France était sauvée, et les destins fixés. Mais l'Allemagne ne pouvait se résigner si vite à confesser qu'elle avait perdu la partie et à abandonner le rêve de domination qui l'avait précipitée d'abord sur l'héroïque Belgique, puis sur la France.

Il faut renoncer à Paris, dont on avait, par avance annoncé la prise. On tourne ses desseins vers Calais, porte de l'Angleterre. La bataille des Flandres s'engage. Ypres, l'Yser, Dixmude, que de noms glorieux et réconfortants ! Le nouveau projet de l'Allemagne échoue comme le premier. Calais lui échappe, comme lui a échappé Paris.

La guerre des tranchées commence. Les épisodes qui vont la marquer sont commandés, pour la plupart, par le souci de soulager nos alliés, de seconder ou de préparer leurs actions, de combiner les efforts communs.

Vous vous rappelez, au début, l'offensive victorieuse des Russes, chassant les Autrichiens de Pologne, envahissant la Galicie, prenant Czernowitz, Lemberg, franchissant les Carpathes, pénétrant en Hongrie, succès qui devaient être suivis de douloureux revers.

A la manœuvre de Hindenburg, en Prusse Orientale, répond notre bataille d'hiver en Champagne. Au début de l'offensive austro-allemande en Galicie correspondent les grandes affaires de l'Artois. En septembre 1915 se place une manœuvre qui, en dehors de ses résultats propres, doit seconder les efforts de nos amis et de notre nouvelle alliée l'Italie, la seconde bataille de Champagne : 25.000 prisonniers, 350 officiers, 150 canons pris, voilà pour les résultats matériels; on n'en a pas oublié l'immense effet moral dans le monde entier.

L'année 1916 débute, le 21 février, par la ruée allemande sur Verdun. Dans les premiers jours, le Kaiser crut avoir ville gagnée; déjà, dans ses dépêches, il sonne la victoire; vous savez la suite... l'échec total du Kronprinz.

Mais, dans l'intervalle, l'Autriche a déclanché

sur le Trentin une offensive formidable. On se demande, un moment, si elle ne va pas déferler sur la plaine et menacer Venise. L'offensive russe qui, sous la direction de Broussiloff, fait aux armées autrichiennes 450.000 prisonniers, rétablit l'équilibre et rend la victoire à nos amis italiens.

Quelques semaines plus tard, l'offensive franco-anglaise sur la Somme nous procure en territoire, en prisonniers, en matériel des résultats importants, en même temps qu'elle décongestionne Verdun et rend possible la reprise de Douaumont, suivie, quelques semaines plus tard, de notre victorieux élan sur la Côte du Poivre.

En Orient, nous sommes à Salonique, où la France, répondant, le 24 septembre 1915, à l'appel de la Serbie, que nous n'aurions pu, sans déshonneur, abandonner, a pris la décision, confirmée plus tard par nos amis Anglais, puis par la Russie et l'Italie, d'envoyer un corps expéditionnaire.

Avec le concours de ses camarades alliés, l'armée serbe reconstituée a planté à nouveau son drapeau sur le sol de la Patrie : Monastir est repris, jour de joie que devaient bientôt assombrir et la honte d'Athènes, où un roi, asservi à des influences de famille, a rendu jusqu'à présent inutiles la prévoyance et l'action du grand homme d'État qu'est Venizelos, et plus encore l'amère tristesse de la prise de Bucarest et de la retraite roumaine.

De ces événements passés, retenons seulement l'enseignement que l'unité d'action sur l'unité de front ne doit pas rester à l'état de simple formule. N'oublions pas, d'ailleurs, que toute coalition entraîne avec elle d'inévitables inconvénients, mais sans elle où en serions-nous ?

Où en serions-nous sans l'héroïsme de nos amis Russes, sans le secours si loyal, si complet de l'Angleterre ?

Elle ne nous a pas seulement assuré la liberté des mers. Grâce à l'action et au prestige de lord Kitchener, devant la mémoire duquel je m'incline avec un affectueux respect, elle nous a donné des effectifs plus considérables qu'on n'eût jamais pu le rêver, recrutés d'abord pendant des mois par des enrôlements hebdomadaires de trente mille hommes, puis par la conscription obligatoire dont l'adoption a été, pour nos voisins, une véritable révolution. Outre ses armées, l'Angleterre nous a fourni, et elle le fait chaque jour davantage, une collaboration inappréciable dans la guerre industrielle que se livrent à cette heure les deux groupes de belligérants.

Pour soutenir et pour mener à bien cette guerre industrielle, toutes les forces de la Nation doivent être utilisées. Le Pays l'a compris, et dans cet effort l'arrière s'est montré digne du front.

III

LA GUERRE
INDUSTRIELLE

Les femmes ont donné l'exemple. Leur ardeur charitable est inextinguible. Elles ne se sont pas satisfaites de se dévouer aux blessés et aux malades dans les hôpitaux et les ambulances : elles ont multiplié les œuvres. Sous les formes les plus délicates, les plus ingénieuses, elles se sont mises au service des victimes de la guerre, des mutilés entre autres, dont, non contentes de soulager les douleurs, elles travaillent à refaire pour le pays des hommes utiles. Qu'il soit permis au Président de la Protection du Réformé n° 2, de cette œuvre en faveur de laquelle on sollicite votre générosité, qui s'adresse particulièrement à ceux qui, chassés de l'armée par la maladie, l'ont quittée sans gloire, sinon sans mérites, de rendre ici un public hommage aux collaboratrices incomparables qui, à Paris et dans toute la France, ont déployé un zèle infatigable pour adoucir ces misères.

La charité seule n'a pas suffi à apaiser la soif de dévouement, le besoin d'activité des femmes françaises ; elles ont pris au magasin, au bureau, sur le sillon, la place du mari, du frère ou du père parti au front ; elles sont entrées à l'usine.

En 1912, le personnel des usines métallurgiques ou travaillant les métaux, et des usines chimiques, comprenait moins de 10 0/0 d'ouvrières. Dans le personnel des établissements travaillant pour la Défense nationale, on comptait en juin 1915, 41.000 ouvrières ; près de 75.000 en octobre 1915 ; près de 230.000 en juin 1916 ; plus de 284.000 au mois de septembre dernier, soit près du quart du personnel ouvrier.

Le recrutement de la main-d'œuvre est, en effet, une des difficultés, elle est loin d'être la seule, où s'est heurtée notre production de guerre.

La fabrication des explosifs

L'erreur universelle, à la veille des hostilités, était qu'une conflagration générale serait forcément de courte durée. Une des conséquences fut, par exemple, que chez nous il n'y avait pas de production d'explosifs prévue pendant la guerre : on devait vivre sur le stock. Étant donné que les matières premières fondamentales : phénol, crésol, toluène venaient toutes, ou à peu près, de l'étranger et surtout de l'Allemagne et qu'il était quasi impossible d'en entreposer des quantités suffisantes, on s'était borné à constituer des stocks d'explosifs qui se conservent très bien.

Dès le mois de septembre 1914, il apparut que ces stocks seraient complètement insuffisants. C'est sans doute le tour de force le plus extraordinaire auquel il ait jamais été donné d'assister : improviser de toutes pièces une industrie sans personnel, sans matières premières, sans même pratique de fabrication. En quelques mois, en effet, il fallut transformer en procédés industriels des procédés de laboratoire, et dans ces conditions inouïes on arriva aux résultats que je vais vous dire et que, par prudence, je ne donnerai que jusqu'en janvier 1916 :

En janvier 1915 : 43 tonnes par jour, en chiffres ronds.

En juillet 1915 : près de 168 tonnes par jour.

En janvier 1916 : plus de 351 tonnes par jour.

La situation était sensiblement aussi difficile pour le matériel et les munitions.

Le matériel et les munitions

Un peu après la mi-septembre 1914, arrivait au Ministère de la Guerre, comme un coup de tonnerre, la nouvelle que nos munitions de 75 s'épuisaient rapidement.

De la production quotidienne de 13.400, il fallait, pour commencer, passer à celle de 100.000 par jour.

Dès le 20 septembre, se tenait à Bordeaux, dans une salle de la Faculté drs Lettres, sous la présidence du Ministre de la Guerre, une réunion d'industriels où l'industrie française était mobilisée, constituée en groupes, à la tête de chacun desquels était placé soit un établissement, soit un particulier responsable.

Pour obtenir la production énorme qu'il fallait faire sortir, à bref délai, sous peine d'être acculés au désarmement, nous nous trouvions devant des usines sans personnel, sans outillage, complètement inexpérimentées, sauf deux ou trois, dans les fabrications complexes et délicates à entreprendre.

Une difficulté nouvelle allait bientôt se révéler: avant tout, nous avions besoin d'alimenter nos canons, de donner du pain, je veux dire des obus à l'artillerie. Mais il fallait aussi songer à compléter et à remplacer notre matériel d'artillerie.

On pourrait croire qu'il suffisait de faire des commandes. Ecoutez ceci :

Dès le 22 septembre 1914, une commande de vingt batteries de 75 avait été faite à une grande Société privée, et voici que le 31 octobre, le jour même où la Direction de l'Artillerie venait de doubler cette première commande, en même temps que d'en donner une autre d'égale importance à une seconde Société privée, la première nous prévenait loyalement qu'accepter, dans la situation où elle se trouvait, une commande de canons, c'était diminuer sa production quotidienne d'obus de 75 de 500 à 1.000 par jour.

Notez qu'à ce moment, et la situation devait se prolonger jusque passé le premier trimestre de 1915, il n'était pas de quinzaine où nous ne dussions enregistrer la faillite des promesses qui nous avaient été faites. Aucun des engagements pris n'était tenu, et comment s'en étonner dans les conditions que je vous ai dites où fonctionnait l'industrie. Ainsi, nous nous trouvions forcés d'annuler les commandes de matériel, tant il est vrai qu'au début les diverses fabrications se commandaient jusqu'à s'opposer momentanément, et d'attendre pour les reprendre que la fabrication des obus fût mise en train.

La mise en train des fabrications nouvelles : dure nécessité par laquelle tous les pays alliés sans exception se sont vus obligés de passer pour chacune de leurs fabrications !

En Angleterre, pas un seul fusil (le renseignement émane directement de lord Kitchener) n'avait été encore fabriqué au 31 mai 1915.

Or, l'Angleterre n'était pas envahie, elle disposait de toutes ses puissances productives. Chez nous, au contraire, sur 2.663.000 tonnes de coke, en 1913, notre seul bassin du Nord en avait produit 2.473.000. Sur les 20.000.000 de tonnes représentant, en 1913, la production française en minerai de fer, plus de 17.000.000 étaient extraits dans les régions aujourd'hui occupées par l'ennemi. Notre production de fonte a été réduite par l'occupation allemande de 85 0/0.

Des 127 hauts-fourneaux qui étaient en marche au commencement de 1913, il n'y en a pas moins de 95, situés dans la zone de la guerre. Les armées allemandes ont occupé 70 0/0 des usines produisant l'acier brut de France. Comment nous avons remédié à cette terrible situation ? Quelques chiffres vous en donneront une idée.

En 1912, on fabriquait, par mois, dans les fours électriques, 1.323 tonnes d'acier ; on en fabriquait, en janvier 1916, plus du double : 2.965 tonnes.

Dès maintenant, la production d'acier de nos fours électriques a plus que triplé, si bien que le jour où la France rentrera en possession des hauts-fourneaux des régions envahies sa capacité de production d'acier sera près du double de ce qu'elle était avant la guerre. Nous avons augmenté de près d'un huitième le nombre de kilowatts utilisés en France ; d'ici peu cette augmentation totale doit être de près d'un quart.

Résultats obtenus

Aussi, les résultats obtenus par l'industrie française à laquelle je suis heureux de rendre ici l'hommage public et solennel qui lui est dû, ont dépassé tous les espoirs qu'il était, au début, raisonnablement permis de concevoir.

Pour les fusils, alors que, je vous l'ai dit, l'Angleterre devait attendre le mois de juin 1915 pour sortir son premier fusil, dès le mois suivant, juillet 1915, nous en produisions plus de 33.000 dans le mois. Voulez-vous connaître et pour cette production et pour d'autres la progression obtenue ? La voici, en nous entourant des précautions que la prudence impose. Si nous représentons par 100 le chiffre de notre production de fusils au début d'août 1914, nous en produisions 3.100 au 15 mai 1915 ; 17.900 fin décembre 1915 ; 23.700 fin mars 1916 ; 29.330 au début de septembre 1916 ; 29.570 au début d'octobre 1916.

En prenant le même point de départ 100 au début d'août 1914, nous réalisions les productions suivantes aux époques successives que je viens d'indiquer. Mitrailleuses : 2.300, 6.500, 9.850, 15.760, 16.430. — Obus vides de 75 : 1.400, 2.900, 3.570, 3.985. — Obus vides de calibres supérieurs au 75 : 850, 3.500, 5.460, 8.360, 8.900. — Canons de 75 : 1.100, 1.900, 2.530, 2.860, 3.220.

Pour clore cette énumération, deux chiffres, absolus, ceux-là, et non plus proportionnels : au début des hostilités, nous avions 67 batteries d'artillerie lourde. Un an plus tard, le 1er août 1915, nous en possédions 272.

IV

L'EFFORT FRANÇAIS :

LES RÉSULTATS APRÈS LA GUERRE

Cet effort prodigieux, nos Alliés, plus justes pour nous que nous-mêmes, l'ont à maintes reprises reconnu, proclamé et donné en exemple.

« Un industriel important de Paris — disait le
« *Times*, dans un article du 18 mai 1915, intitulé :
« Un exemple pour les Alliés », un industriel
« important de Paris a accompli un tour de force
« d'organisation rapide qui mérite d'être men-
« tionné. Depuis le début de la guerre, en dépit
« de toutes les difficultés, cet industriel entrepre-
« nant a réussi à construire du haut en bas deux
« usines énormes qu'il a équipées avec des
« machines spéciales achetées aux États-Unis.
« Ces machines fonctionnaient déjà au rez-de-
« chaussée alors que les ouvriers travaillaient
« encore à la construction des étages supérieurs.

« Il fabrique aujourd'hui, journellement de 12 à
« 15.000 obus. »

Cet industriel important, c'était, si je suis bien renseigné, M. Loucheur. Qu'il a, depuis lors, fait d'élèves et trouvé d'émules!

Ce n'est pas seulement la Presse qui rend hommage à nos efforts, c'est le Parlement.

Dans un discours à la Chambre des Communes, le 21 avril 1915, un des membres actuels du Cabinet anglais, M. Bonar Law, invitait le Ministère de l'époque à suivre l'exemple que lui donnait le Gouvernement français pour ses achats à Londres, comme pour la mobilisation de l'industrie en France.

Après la Presse et le Parlement, le Gouvernement.

Dans un discours aux patrons, ouvriers et mécaniciens de Manchester, au commencement de juin 1915, le Premier anglais, Lloyd George, alors simple membre du Cabinet, reportait les succès de l'armée française dans une large mesure à l'industrie française : « Des maisons qui fabri-
« quaient des automobiles, des locomotives et
« des machines de toutes sortes se sont de bonne
« heure organisées pour fabriquer du matériel de
« guerre et des munitions. »

Le même homme d'État anglais, déposant à la Chambre des Communes, le 23 juin 1915, comme Ministre des Munitions, un projet de loi, s'expri-

mait en ces termes : « Si nous pouvions, d'ici aux
« quelques mois qui vont suivre, produire autant
« que les établissements français produisent, les
« Alliés ne seraient pas seulement les égaux des
« Puissances centrales sur ce terrain, mais ils
« posséderaient, en outre, sur l'ennemi une écra-
« sante supériorité. »

De cet admirable effort de nos industriels, il ne sortira pas seulement la victoire, il doit en demeurer des résultats tangibles; des résultats matériels d'abord. Il n'est pas interdit, en effet, de penser et de prévoir que les travaux entrepris pour la guerre et les réalisations obtenues auront, après la guerre, des conséquences fécondes.

A coup sûr, on ne continuera pas à produire journellement des centaines de tonnes de poudre et d'explosifs; beaucoup d'installations deviendront ainsi disponibles et pourront être utilisées pour le développement si souhaitable de notre industrie chimique. Si l'outillage spécial qui aura travaillé à un grand rendement, d'une façon intensive et presque sans arrêt, pendant une assez longue période, se trouve, dans beaucoup de cas, vraisemblablement en médiocre état, il n'en restera pas moins une organisation d'ensemble, des bâtiments, des services généraux, et, sans doute, c'est là le point le plus important, des usines, fabriquant des matières premières. Ainsi la production de l'acide sulfurique, celle notamment de l'acide concentré, de l'oleum, de la soude, nous apportera, par rapport à l'avant-guerre, des ressources nouvelles en ammoniaque et surtout en benzol. Il est à penser que l'industrie chimique, pour ne parler que d'elle, disposera d'un personnel technique plus nombreux, mieux groupé et mieux organisé. Les industriels, n'en doutons pas, sauront utiliser des techniciens qui, avant la guerre, leur manquaient presque complètement.

Enfin, au point de vue de l'activité du monde des affaires, voire des capitaux, un courant salutaire a été créé qui ne s'arrêtera pas à la fin des hostilités et dont nous avons le droit d'attendre les plus heureux effets.

Ce n'est pas seulement d'heureux résultats matériels que nous avons le droit d'attendre de la période que nous traversons : les résultats moraux doivent être plus importants et plus précieux encore.

Il n'est pas possible que l'union qui s'est faite et maintenue devant l'ennemi s'évanouisse subitement avec et après la guerre. Les amitiés françaises qui se sont nouées dans les tranchées ne disparaîtront pas à la paix comme une fumée.

Sans que la République songe à renoncer à aucun de ses principes fondamentaux, à celui notamment de la laïcité, elle n'oubliera pas, à coup sûr, l'exemple donné par des Français auxquels avaient été imposées des mesures rigoureuses, et elle saura mettre d'accord la nécessité de sauvegarder le principe de lois tutélaires et celle de retenir au foyer de la Patrie des enfants qui ont prouvé qu'ils étaient dignes de leur mère.

La lutte des partis est, en temps de paix, indispensable et féconde : des frères peuvent différer d'avis, sans oublier pour cela qu'ils sont du même sang. La solidarité française s'affirme en ce moment, jusqu'à la mort, dans les tranchées. Dans la guerre économique qui reprendra demain elle est aussi une nécessité.

Si vous me permettez un mot personnel, en acceptant, récemment, la présidence d'une grande association, « La Ligue Maritime Française », j'ai entendu, pour ma part dans la mesure de mes moyens, servir notamment cette idée supérieure de la solidarité des classes que bien avant la guerre j'avais, à maintes reprises, défendue. Inscrits maritimes, dockers, ouvriers des usines, armateurs constructeurs, employeurs et employés, autant de collaborateurs de la même œuvre, de cette œuvre capitale dont un des plus grands serviteurs de la France, Richelieu, définissait dans cette formule lapidaire souvent citée la nécessité vitale : « On ne peut sans la mer ni faire la guerre « ni profiter de la paix ».

Ce que je dis des œuvres maritimes, de combien d'autres entreprises ne pourrais-je pas le dire, aussi nécessaires les unes que les autres à la grandeur et à la prospérité nationales dans la paix.

La guerre terminée, reprendra la lutte économique dont notre pays doit aussi sortir vainqueur.

Pour remporter cette seconde victoire, une condition est nécessaire et suffisante : que la France de la paix se montre digne de la France de la guerre.

V

POUR QUE LES
CIVILS TIENNENT

Vous vous rappelez la légende célèbre : « Pourvu que les civils tiennent ». Ils ont tenu. Ils tiendront. Ils en ont la volonté. Il faut leur en donner les moyens.

Nous avons touché du doigt avec quelques chiffres l'effort prodigieux déjà réalisé, et qui va toujours s'accroissant pour les productions de la Défense nationale. Il appelle une contre-partie nécessaire : je veux parler de la restriction des consommations courantes, en particulier des consommations domestiques.

Pour fournir à notre armée tout ce dont elle a besoin en matériel et en munitions, il n'a pas suffi de pousser au maximum l'effort de nos usines de guerre, ce qui implique déjà, ne serait-ce qu'en charbon, une dépense énorme. Il a fallu, il faut importer des matières premières et des produits fabriqués.

Ainsi, nous devenons débiteurs de l'étranger; mais en même temps que notre dette monte, le total de nos créances baisse, car nous ne pouvons maintenir au même niveau qu'en temps de paix nos exportations. Nos industries de luxe sont pour la plupart, empêchées de fournir leur production normale, parce qu'il faut céder le pas à celles qui travaillent pour la Défense nationale.

Comment donc, et sur quels points restreindre nos dépenses au dehors, de manière à ménager, autant que possible, notre crédit qui est un des éléments de notre puissance guerrière ? En limitant nos dépenses de consommation. L'avons-nous fait suffisamment jusqu'ici ? Ne pouvons-nous, et, par conséquent, ne devons-nous pas le faire davantage ?

Nos importations

Si l'on jette les yeux sur les documents statistiques, publiés par l'Administration des Douanes, sur le commerce extérieur de la France en 1916, quelques chiffres significatifs sautent aux yeux.

Un chiffre global d'abord : l'écart entre les importations et les exportations est, en temps ordinaire, d'environ 25 0/0 ; si l'on tient compte des majorations de prix dues à la guerre, il touche 350 0/0.

Veut-on comparer le chiffre des objets d'alimentation importés dans le mois d'août 1915 et le même mois 1916, on trouve que pour ce seul mois nous avons dépensé, en 1916, de ce chef, 48.000.000 en chiffres ronds de plus, chiffre d'ailleurs au-dessous de la vérité, car la Douane a appliqué aux marchandises les taux de 1914 qui sont inférieurs pour les exportations de 57 0/0 à la réalité. Si on fait, dans les mêmes conditions, le même rapprochement entre les importations d'objets d'alimentation pour les neuf premiers mois de 1915 et les neuf premiers mois de 1916, on trouve qu'on a dépensé, dans cette période, les chiffres étant toujours calculés sur le taux de 1914, 359.000.000 de plus en 1916 que dans la période correspondante de 1915.

Veut-on des exemples particuliers : si l'on compare les chiffres d'importation de quelques objets, pendant la même période de neuf mois, en 1916 d'une part, et, de l'autre, dans la dernière année avant la guerre, en 1913, la France a acheté à l'étranger : en 1913, 405.000.000 de grains et farines ; en 1916 (sans la majoration de 57 0/0) 720.000.000 ; 151.000.000 de café en 1913 ; 194.000.000 en 1916 ; 27.500.000 de sucres en 1913 ; 158.000.000 en 1916 ; 26.000.000 de viandes fraîches, salées ou conservées, en 1913 ; plus de 318.000.000 en 1916.

A coup sûr, il est des raisons et des plus

sérieuses à ces augmentations, il n'en est aucune qui ne se justifie. Ne peut-on, dans chacune de ces catégories, ou dans quelques-unes au moins, réaliser des économies ?

Economies possibles

On a calculé qu'une économie de 48 grammes de pain (environ 40 grammes de blé), par jour, par 25.000.000 seulement de consommateurs, nous donnerait, par jour, une économie de 1.000.000 de kilos de blé, soit plus de 150.000.000 de francs par an. Un pain un peu moins blanc, peut-être moins de pâtisserie et 150.000.000 de notre or et de nos titres pourraient rester chez nous et servir notamment aux emprunts de la Défense nationale.

Sur le sucre ne pourrait-on réduire la quantité de 150.000.000 de kilos annuellement absorbés en gâteaux, bonbons et confiseries ?

Enfin, une dernière économie s'impose à l'attention de tous les patriotes. Si 10.000.000 de consommateurs se voyaient supprimer, chaque jour, un seul petit verre d'alcool à dix centimes, l'économie réalisée serait d'un million de francs par jour, soit 365.000.000 par an, qui pourraient être ou économisés ou employés à d'autres usages. Mais il ne s'agit pas ici seulement d'une question d'économie. La « Ligue nationale contre l'Alcoolisme » a fait circuler une pétition tendant à la suppression de l'alcool de consommation pendant la guerre. Le Gouvernement a manifesté des intentions dans le même sens. Nous ne pouvons qu'y applaudir, en souhaitant ardemment qu'elles ne demeurent pas à l'état d'intentions.

L'alcoolisme, qui traîne derrière lui la tuberculose, la dégénérescence de la race et sa dépopulation, est un véritable fléau, qu'on ne combattra jamais avec assez d'énergie. Et peut-être la France républicaine pourrait-elle, sur ce point, prendre quelques utiles leçons de nos amis russes.

VI

NOS BUTS DE GUERRE

Sans doute, nous réclamons là, aux goûts, aux habitudes, aux intérêts de nos concitoyens, des sacrifices dont quelques-uns peuvent paraître pénibles ; les ennuis qu'ils comportent, les maux, peut-être, qu'ils sont susceptibles d'entraîner, acceptons-les de bon cœur, en nous disant qu'ils nous font participer, et pour quelle faible part, aux souffrances que nos chers enfants supportent avec tant d'héroïsme sur le front.

« Des centaines de milliers d'hommes, a dit
« aux Communes le Premier anglais, Lloyd
« George, ont donné leur vie ; des millions
« d'hommes ont abandonné leur paisible foyer et
« vécu chaque jour en communion avec la mort.
« Des milliers de gens ont donné ce qu'ils
« aimaient le plus au monde. Que sur l'autel de
« la Patrie sanctifié par leurs sacrifices, la Nation
« tout entière jette ses plaisirs, ses élégances,
« son confort, son luxe ! Proclamons que le temps
« de la guerre sera pour nous un temps d'absti-
« nence. Par là, la Nation sera plus forte et meil-
« leure, physiquement, intellectuellement, mora-
« lement ! Les corps en seront endurcis, les âmes
« en seront ennoblies ! »

Qu'ils sont légers d'ailleurs les sacrifices qu'on

nous demande si on les compare au prix dont ils doivent être payés.

Aucun de vous n'ignore la déclaration que, le 4 septembre 1914, la Triple Entente adoptait à Londres, et qui a reçu, depuis lors, la signature de tous les Alliés. Je vous en rappelle les termes :
« Les Gouvernements britannique, français et
« russe s'engagent mutuellement à ne pas con-
« clure une paix séparée, au cours de la présente
« guerre. Les trois Gouvernements conviennent
« que, lorsqu'il y aura lieu de discuter les
« éléments de la paix, aucune des puissances
« alliées ne pourra poser des conditions de paix
« sans accord préalable avec aucun des autres
« alliés. »

Cette déclaration tutélaire interdit-elle de mettre sous les yeux des peuples alliés les buts de guerre qu'ils poursuivent? En aucune manière.

Aussi bien n'est-ce pas la réponse la plus topique que nous puissions opposer à la manœuvre de paix tentée hier par l'Allemagne dans un but surtout de politique intérieure, en même temps — la réponse des Alliés au Président Wilson en est la preuve — que la façon la plus directe de répondre aux demandes de certains neutres.

Les sacrifices inouïs que les Alliés et à leur tête la France ont, sous toutes formes, consentis imposent en outre de faire savoir au pays qu'ils seront payés. La France ne « tient » pas seulement pour demeurer unie à ses Alliés, fidèle à la parole qu'elle leur a donnée, ni même pour ne pas tomber dans le piège d'une paix boiteuse, qui ne serait guère que le prélude d'une guerre nouvelle et prochaine, qu'à peine remis de celle-ci le militarisme allemand déchaînerait sur le monde. La France « tient » parce qu'elle pressent ce que lui vaudra la Victoire.

L'Italie a, devant les yeux, ses buts de guerre : la délivrance des terres *irredente*, sa sécurité établie par sa prédominance sur la rive orientale comme occidentale de l'Adriatique.

Le Président d'hier du Conseil russe, M. Trépof, a fait à la Douma un éloquent exposé de la situation où il montrait au peuple, que comme résultat de ses sacrifices, il atteindrait le but traditionnel que poursuit la Russie, d'accord, aujourd'hui, avec les Alliés : la conquête de Constantinople. « Le peuple russe, disait-il, doit savoir pourquoi
« il répand son sang, et de concert avec nos
« Alliés la déclaration de cet accord se fait ici,
« aujourd'hui, du haut de cette tribune. »

La France aussi a le droit de savoir pourquoi est versé le sang de ses enfants : pour se défendre d'abord, pour résister à une agression abominable et injustifiée, mais aussi pour prévenir, en s'assurant les garanties nécessaires, le retour d'un tel cataclysme.

Je suis heureux de pouvoir emprunter la formule qui résume nos aspirations au manifeste publié, il y a quelques mois, par le groupe numériquement le plus important de la majorité républicaine (au temps où l'on pouvait parler de groupes), le groupe radical et radical-socialiste :
« Résolu à poursuivre son effort jusqu'au
« triomphe complet des armées alliées, il repousse
« comme illusoire, funeste et préparant la guerre
« pour demain toute paix qui ne rétablirait pas
« dans l'intégralité de leurs droits les petites
« nations odieusement violentées ; qui ne restituerait pas à la France les territoires qui lui
« ont été arrachés, et ne donnerait pas à notre
« pays les garanties indispensables à sa sécu
« rité. »

Les garanties indispensables à sa sécurité : dans une remarquable brochure sur la « Question d'Occident », M. Albert Milhaud, qui est en même temps qu'un universitaire distingué un éminent journaliste, a posé et étudié la question de la rive gauche du Rhin. Il suffit qu'on ne l'oublie pas. Elle devra être résolue, le moment venu, avec l'unique souci de réaliser et la volonté d'assurer aux puissances occidentales les garanties indispensables.

Quant à l'Alsace-Lorraine, il n'est pas de discussion possible. Le traité de Francfort sera effacé : les frères séparés nous reviendront.

L'Europe paie, en ce moment, la faute incalculable, qu'elle a commise, en 1870, en laissant s'accomplir le triomphe monstrueux de la force sur le droit. La paix qui clora la grande guerre sera la revanche du droit.

Ce ne sont pas seulement les petits peuples, victimes de cette guerre, qui recevront les réparations nécessaires : et la Belgique martyre, et la vaillante Serbie et la malheureuse Roumanie.

La paix pour être durable devra réparer les iniquités accumulées par cette politique dont Bismarck a été non certes l'initiateur mais un des artisans les plus représentatifs, et qu'il a ouverte, pour sa part, en 1864, par l'affaire des Duchés. En même temps que le Schleswig-Holstein, que l'Alsace-Lorraine regagneront les nations dont la force les a brutalement arrachées, une victime plus ancienne de cette politique, la Pologne, se verra restaurée dans son intégrité par la réunion de tous ses membres disjoints, depuis Dantzig et la Posnanie jusqu'à la Galicie.

« La Russie, depuis le début de la guerre, s'est
« déjà prononcée deux fois, écrivait au milieu de
« novembre dernier, dans un communiqué offi-
« ciel, le Gouvernement impérial russe, sur le
« fond de la question polonaise. Ses intentions
« comportent la création d'une Pologne entière
« englobant tous les territoires polonais. » Décla-

ration dont, au nom des Alliés, le Président du Conseil français, M. Aristide Briand et le Premier Ministre anglais, M. Asquith, s'empressaient de prendre acte dans un télégramme où ils se réjouissaient « des généreuses initiatives prises « par le gouvernement de S. M. l'Empereur de « Russie, en faveur d'un peuple auquel nous « attachent d'antiques sympathies et dont l'union « restaurée constituera un élément primordial du « futur équilibre européen ».

Et dans un récent manifeste à ses armées, le Tsar disait : « La Russie n'a pas encore réalisé « les devoirs créés par la guerre ; la possession de « Tzargrade (Constantinople) et des détroits, « ainsi que la création de la libre Pologne, com- « posée de ses trois parties jusqu'à présent « séparées. »

Ainsi, de même que la fin du xviiie siècle a vu, grâce à la France, la proclamation des Droits de l'Homme, le commencement du xxe, grâce aux efforts indissolublement liés de la France et de ses Alliés, verra la reconnaissance des Droits des Peuples.

Un tel résultat n'est pas inégal aux sacrifices qui l'auront rendu possible. Il ouvrira, devant l'humanité, une ère nouvelle où notre France aura mérité de reprendre la place et le rôle que lui assignent ses traditions et son génie.

TABLE DES MATIÈRES

I. — *Les Origines de la Guerre*. 3
    L'ultimatum à la Serbie. 4
    La préméditation de l'Allemagne. . . . 6
    L'attitude pacifique des Alliés. 7
II. — *Les Opérations* 9
III. — *La Guerre industrielle*. 13
    La fabrication des explosifs. 14
    Le matériel et les munitions 16
    Les résultats obtenus. 19
IV. — *L'Effort français. Les Résultats après la guerre*. 21
V. — *Pour que les civils tiennent* 27
    Nos importations 28
    Economies possibles 30
    Nos buts de guerre. 33

BLOUD & GAY, Éditeurs, 7, place Saint-Sulpice, Paris (6e)

"PAGES ACTUELLES"
1914-1917
Nouvelle collection de volumes in-16 — Prix : 0 fr. 60

N° 81. **La Défense de l'Esprit français,** par René DOUMIC, de l'Académie française.

N° 82. **La Représentation nationale au lendemain de la paix.** *Méditations d'un Combattant.*

Nos 83-84. *Une Victime du Pangermanisme.* **L'Arménie martyre,** par l'Abbé Eug. GRISELLE.

N° 85. **Les Mitrailleuses,** par Francis MARRE.

N° 86. **France et Belgique.** Ce que les Allemands voulaient faire des pays envahis. Ce que nous ferons d'eux, par M. DES OMBIAUX.

N° 87. **Lettres d'un soldat** Léo LATIL (1890-1915).

N° 88. **La place de la Guerre actuelle dans notre Histoire nationale,** par Camille JULLIAN.

N° 89. **Du Subjectivisme allemand à la Philosophie catholique,** par Mgr du VAUROUX, évêque d'Agen.

N° 90. **« Kultur » et Civilisation,** par George FONSEGRIVE.

N° 91. **Angleterre et France,** *Fraternité en guerre, alliance dans la paix,* par Sir Thomas BARCLAY.

N° 92. **La Hongrie d'hier et de demain,** par André DUBOSC.

N° 93. *Un peuple en exil.* **La Belgique en Angleterre,** par Henry DAVIGNON.

N° 94. **Les armes déloyales des Allemands,** par Francis MARRE.

N° 95. **Toute la France pour toute la Guerre,** par Louis BARTHOU.

Nos 96-97. **Le Jugement de l'Histoire sur la Responsabilité de la Guerre,** par Tommaso TITTONI.

N° 98. **Le Paradoxe célèbre de Joseph de Maistre sur la Guerre,** par Clément BESSE.

N° 99. **Quatre discours et une Conférence,** par Adrien MITHOUARD.

N° 100. **Les Commandements de la Patrie,** par Paul DESCHANEL.

N° 101. **Le Dieu allemand,** par Denys COCHIN.

N° 102. **La France, les Catholiques et la Guerre,** par Mgr Alfred BAUDRILLART.

442 — Imprimerie Artistique « Lux », 131, boulevard Saint-Michel, Paris

www.ingramcontent.com/pod-product-compliance
Lightning Source LLC
Chambersburg PA
CBHW060512050426
42451CB00009B/939